Foreign Copyright:
Joonwon Lee Mobile: 82-10-4624-6629

Address: 3F, 127, Yanghwa-ro, Mapo-gu, Seoul, Republic of Korea 3rd Floor
Telephone: 82-2-3142-4151
E-mail: jwlee@cyber.co.kr

옥효진 선생님의 매일매일 문해력 왕 ③

2024. 6. 17. 초 판 1쇄 인쇄
2024. 6. 26. 초 판 1쇄 발행

지은이 | 옥효진
그 림 | 신경영
펴낸이 | 최한숙
펴낸곳 | BM 성안북스
주   소 | 04032 서울시 마포구 양화로 127 첨단빌딩 3층(출판기획 R&D 센터)
         10881 경기도 파주시 문발로 112 파주 출판 문화도시 (제작 및 물류)
전   화 | 02) 3142- 0036
         031) 950- 6300
팩   스 | 031) 955- 0510
등   록 | 1973. 2. 1. 제406-2005-000046호
출판사 홈페이지 | www.cyber.co.kr
이메일 문의 | smkim@cyber.co.kr
ISBN | 978-89-7067-446-9 (64710) / 978-89-7067-443-8 (set)
정 가 | 12,800원

이 책을 만든 사람들
총괄 · 진행 | 김상민
기획 | 북케어
본문 · 표지 디자인 | 정유정
홍보 | 김계향, 임진성, 김주승
국제부 | 이선민, 조혜란
마케팅 | 구본철, 차정욱, 오영일, 나진호, 강호묵
마케팅 지원 | 장상범
제작 | 김유석

■ **도서 A/S 안내**

성안당에서 발행하는 모든 도서는 저자와 출판사, 그리고 독자가 함께 만들어 나갑니다.
좋은 책을 펴내기 위해 많은 노력을 기울이고 있습니다. 혹시라도 내용상의 오류나 오탈자 등이 발견되면 **"좋은 책은 나라의 보배"**로서 우리 모두가 함께 만들어 간다는 마음으로 연락주시기 바랍니다. 수정 보완하여 더 나은 책이 되도록 최선을 다하겠습니다.
성안당은 늘 독자 여러분들의 소중한 의견을 기다리고 있습니다. 좋은 의견을 보내주시는 분께는 성안당 쇼핑몰의 포인트(3,000포인트)를 적립해 드립니다.
잘못 만들어진 책이나 부록 등이 파손된 경우에는 교환해 드립니다.

옥효진 선생님의 매일매일 문해력왕 ③

1교시 : 봄
2교시 : 여름
3교시 : 가을
4교시 : 겨울

BM 성안북스

우리는 하루 동안 수없이 많은 말을 들어요. 엄마, 아빠가 나에게 해 주시는 말들, 학교에서 쉬는 시간 동안 친구들과 나누는 말, 선생님이 수업 시간에 해 주시는 설명들, 만화나 영화 같은 영상 속 등장인물들이 하는 말들을 듣죠. 또, 수없이 많은 글을 읽고 있어요. 재미있는 이야기책 속의 글들, 교과서에 적혀 있는 글들, 길을 걸어가며 보이는 안내문과 간판들. 우리는 말과 글에 둘러싸여 살아가고 있다고 할 수 있는 거죠. 그런데 여러분은 여러분이 보고 듣는 것들을 얼마나 이해하고 있나요? 말을 듣는다고 모든 말을 이해하는 것은 아니에요. 글을 읽는다고 모든 글을 이해하는 것도 아니죠.

우리가 듣는 말과 읽는 글을 이해하기 위해서는 문해력이 필요해요. 문해력이란 내가 읽는 글, 내가 쓰는 글, 내가 듣는 말, 내가 하는 말의 뜻을 이해하고 내 것으로 만드는 능력이에요. 여러분이 읽게 될 교과서 속 글들도, 수업 시간에 선생님이 하는 말씀도, 갖고 싶었던 장난감의 설명서를 읽고 장난감을 사용하는 것도

이 문해력 없이는 어려운 일이에요. 문해력이 있어야 여러분이 보고 듣는 것을 이해할 수 있죠. 다시 말하자면 문해력이 점점 자랄수록 여러분이 경험하고 이해할 수 있는 세상이 점점 넓어지는 것이랍니다.

　그래서 문해력을 어릴 적부터 기르는 게 중요해요. 하지만 문해력은 글자를 읽고 쓸 줄 안다고 저절로 생기는 것은 아니에요. 많은 글을 읽으면서 글이 어떻게 쓰여 있는지, 이 글에 담겨 있는 뜻은 무엇인지를 이해하는 연습을 해야 해요. 유명한 운동선수가 매일매일 꾸준히 연습하고, 훈련을 하는 것처럼 말이에요. 오늘부터 선생님과 함께 매일매일 문해력을 기르는 연습을 해 보는 건 어떨까요? 여러분도 모르는 사이에 여러분이 문해력 왕이 되어 있을지도 몰라요. 그만큼 세상을 보는 여러분의 눈도 쑥쑥 자라 있겠죠.

　이 책을 통해 여러분들의 문해력이 쑥쑥 자라나기를 바라요. 그리고 쑥쑥 자라난 문해력으로 이제 막 세상에 발걸음을 떼기 시작하는 여러분이 볼 수 있는 세상이 넓어지기를 바랍니다.

옥효진 선생님

이 책을 보는 법

초등 교과 전체에서 핵심 주제를 뽑아 어휘, 문법, 독해, 한자까지 익힐 수 있도록
일주일 프로그램으로 구성했습니다.

주제와 관련된 기본 어휘의 이해를 돕는 그림과 함께 익힐 수 있습니다.

주제와 관련된 기본 어휘인 명사, 동사, 형용사를 배웁니다.

주제와 관련된 의성어, 의태어를 배웁니다.

낱말 확장은 물론 속담, 관용어까지 배웁니다.

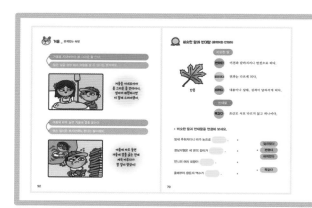

주제와 관련된 속담과 관용어를 익힙니다.

헷갈리기 쉬운 말, 잘못 쓰기 쉬운 말, 유의어, 반의어, 다의어, 동형어, 고유어, 외래어 등의 확장 낱말을 익힙니다.

7급, 8급 수준의 한자에서 추출한 문해력 핵심 한자를 배웁니다.

한 주에 1개의 핵심 한자와 연관된 한자어 5개를 학습합니다.

그림과 예시글을 통해 한자 사용의 이해를 높였습니다.

직접 써 보는 공간도 마련했습니다.

짧은 문장으로 시작해서 긴 문단 독해까지 독해력이 성장할 수 있도록 구성했습니다.

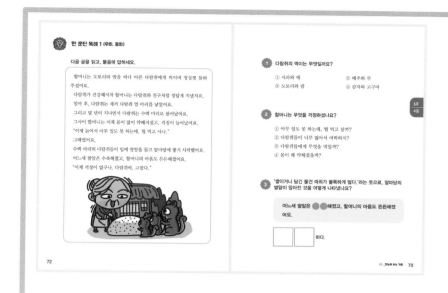

어순, 접속 부사, 종결형 문장, 시제, 높임말, 예사말, 피동, 사동, 부정 등을 익힐 수 있도록 했습니다.

주제와 관련된 확장 어휘를 사용하여 한 문장~세 문장 독해까지 완성된 문장을 만들 수 있도록 했습니다.

우화나 동화(문학), 생활에서 사용되는 지식글(비문학) 등 초등 교과에 담긴 12갈래 형식의 글을 통해 문제를 풀고 익힙니다.

※ 수학 개념을 적용한 문제까지 마련했습니다.

확인 학습을 통해 일주일간 학습한 내용을 복습합니다.

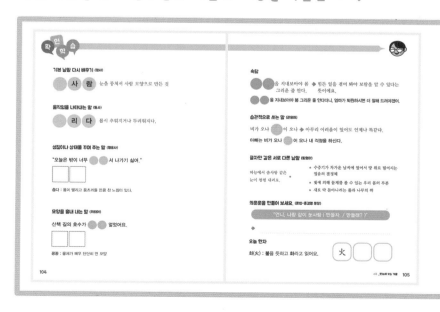

한 주간 배운 내용 중 핵심이 되는 내용을 추렸습니다.

일주일 안에 복습하는 공간을 만들어 학습한 내용을 장기 기억으로 저장할 수 있도록 했습니다.

목 차

1주

한눈에 보는

봄

봄 봄바람 나비 새싹 벚꽃 개나리 진달래

민들레 목련 눈 소풍 졸음 황사 개구리

봄	겨울과 여름 사이인 3~5월로, 한 해의 네 계절 중 첫째 계절
봄바람	봄에 불어오는 바람
새싹	새로 돋아나는 싹
눈	꽃눈이나 잎눈처럼 새로 막 돋아나려는 풀과 나무의 싹
소풍	쉬거나 놀기 위해 야외에 나갔다 오는 일
황사	봄에 중국에서 모래가 바람으로 인해 우리나라에 날아오는 것

봄을 나타내는 말을 알아봅시다. (동사)

| 돋아나다 | 터뜨리다 | 나오다 | 졸리다 | 깨우다 |
| 녹다 | 나가다 | 살아나다 | 달라지다 | 늘어지다 |

돋아나다 속에 생긴 것이 겉으로 또렷하게 나오거나 나타나다.

나오다 안에서 밖으로 오다.

졸리다 자고 싶은 느낌이 들다.

깨우다 잠이나 꿈에서 벗어나게 하다.

녹다 얼음이나 매우 차가운 것이 열을 받아 물처럼 되다.

늘어지다 물건이 당기는 힘으로 길어지다.

 새싹과 소풍은 각각 어떤 일을 하는지 따라 써 보세요.

돋아나다

터뜨리다

살아나다

나가다

나오다

깨우다

봄의 성질이나 상태를 꾸며 주는 말을 알아봅시다. (형용사)

따뜻하다　덥지 않을 정도로 온도가 알맞게 높다.

아름답다　겉모습이나 소리가 잘 어울려 눈과 귀에 즐거움을 주다.

곱다　모양, 생김새, 행동이 산뜻하고 아름답다.

활발하다　생기 있고 힘차며 시원스럽다.

촉촉하다　물기가 있어 조금 젖은 듯하다.

사랑스럽다　생김새나 행동이 사랑을 느낄 만큼 귀여운 데가 있다.

 어떤 말이 들어가야 할까요?

　　　따뜻　　　**촉촉**　　　**아름**　　　**활발**

- 놀이터에서 친구들과 　　　　　　 하게 놀았다.

- 바람에 날리는 벚꽃 잎이 　　　　　　 답다.

- 요즘 날이 　　　　　　 해서 등산하기 좋다.

- 따뜻한 봄날 　　　　　　 한 봄비가 내린다.

한 문장 독해 _ 한 문장으로 된 글을 읽고, 물음에 답하세요.

봄이 되자 들판에 새싹들이 돋아나기 시작했어요.

1. 봄이 되어 들판에 돋아나는 것을 쓰세요.

. . . .

봄꽃들이 가득한 식물원은 어디를 봐도 알록달록하다.

2. 봄꽃들이 가득한 곳은 어디인가요?

동물원 / 박물관 / 식물원

오늘은 황사가 심하니까 마스크를 꼭 써야 해요.

3. 황사가 심하면 어떻게 하나요?

장화를 신어요. / 마스크를 써요. / 장갑을 껴요.

두 문장 독해 _ 두 문장으로 된 글을 읽고, 물음에 답하세요.

오늘은 나비 공원에 놀러 왔다.
이곳에 와서 나비의 종류가 얼마나 많은지 알게 되었다.

1. 나는 오늘 어디에 놀러 왔는지 쓰세요.

"지우야, 날이 참 따뜻한데 봄 소풍 가지 않을래?"
"좋아. 도시락도 싸 가자."

2. 지우와 하고 싶은 것은 무엇인가요?

봄 소풍 가기 / 수영하기 / 단풍놀이 가기 / 눈싸움하기

봄이 되면 몸이 늘어지고 졸음이 쏟아집니다.
이것은 추운 겨울을 지낸 몸이 적응하는 과정입니다.

3. 봄이 되면 몸이 어떻게 되나요?

건강해지고 식욕이 생겨요.
늘어지고 졸음이 쏟아져요.
가벼워지고 힘이 넘쳐요.

봄이 시작되면 둥근 꽃눈과 길쭉한 잎눈이 돋아납니다.
꽃눈은 꽃이 되고, 잎눈은 줄기와 잎이 됩니다.
봄에 더욱 사랑스러운 벚꽃, 매화, 목련의 꽃눈도 3월부터 커집니다.

1. 봄이 시작되면 돋아나는 것은 무엇인가요?

....

2. 줄기와 잎이 되는 것은 무엇인가요?

....

3. 벚꽃, 매화, 목련의 꽃눈은 언제부터 커지나요?

....

모양을 흉내 내는 말 (의태어)

- 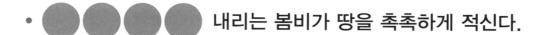 내리는 봄비가 땅을 촉촉하게 적신다.

보슬보슬 : 눈이나 비가 가늘게 조금씩 조용히 내리는 모양

- 기분 좋은 바람이 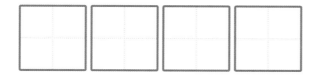 불어요.

살랑살랑 : 조금 시원한 바람이 가볍게 자꾸 부는 모양

- 알록달록 꽃들 사이로 나비들이 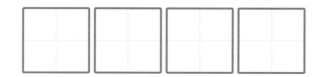 내려앉는다.

사뿐사뿐 : 매우 가볍게 잇따라 움직이는 모양

- 봄바람에 벚꽃 잎이 날려요.

나풀나풀 : 바람에 계속 가볍게 나부끼는 모양

봄 _ 관계있는 속담

겨울바람이 봄바람보고 춥다 한다.

자신의 흠은 생각하지 않고 남의 흠만 지적하는 것을 말해요.

겨울바람이 봄바람보고
춥다 한다더니,
누구보고 더럽다는 거야!

봄꽃도 한때

좋은 일도 언젠가는 지나간다는 뜻이에요.

용돈 받으면 저금해야지!
봄꽃도 한때잖아.

봄 _ 관계있는 습관적으로 쓰는 말 (관용어)

봄을 타다.

봄철에 입맛이 없고 나른해지다.

봄을 탈 때는
잘 먹고 잘 자야 한다.

봄눈 녹듯

빨리 없어지는 모양

형의 말 한마디에
서운했던 마음이
봄눈 녹듯 사라졌다.

여러 가지 뜻을 가진 낱말 (다의어)

1 바람

기압의 변화,
사람이나 기계로
일으키는 공기의
움직임

2 바람

매우 빠름을
이르는 말

3 바람

공이나 튜브같이
속이 빈 곳에
넣는 공기

● 어떤 '바람'인지 번호를 써 보세요.

배가 너무 고파서 집까지 바람처럼 달려왔다.

민수와 축구공에 바람 넣으러 갈 거야.

바람이 너무 세게 불어서 내 모자가 날아갔다.

알맞은 문장 부호를 넣어 보세요. (문법-문장 부호)

> ! . ? ,

- ! : 느낌표. 감탄이나 놀람, 소리침, 강한 명령, 대답을 나타내는 말 뒤에 써요.
- . : 마침표. 문장을 마칠 때 써요.
- ? : 물음표. 물어보는 말 뒤에 써요.
- , : 쉼표. 단어를 늘어놓거나, 누구를 부르는 말 뒤에 써요.

따스한 봄바람이 붑니다(   )

➡ ....

"빨강, 노랑 꽃들이 정말 예쁘구나(   )"

➡ ....

"저 나무 위에서 지저귀는 새의 이름은 뭘까(   )"

➡ ....

"엄마(   ) 들판에 새싹들이 돋아났어요."

➡ ....

다음 글을 읽고, 물음에 답하세요.

> 노란 애벌레는 두근거리는 마음으로 물었어요.
>
> "할아버지, 나비가 뭐예요?"
>
> "나비는 아름다운 날개로 날아다니면서, 꽃에서 꿀을 먹고, 이 꽃에서 저 꽃으로 사랑의 씨앗을 날라다 준단다."
>
> 털보 애벌레 할아버지는 노란 애벌레를 따뜻하게 바라보며 말했어요.
>
> "무엇보다 말이지. 나비가 있어야 저 예쁜 꽃들도 필 수 있어. 너도 나비가 될 거야. 꽃들은 너를 기다린단다."
>
> 노란 애벌레는 까만 눈을 반짝였어요.
>
>

1 아름다운 날개로 날아다니면서 꽃에서 꿀을 먹는 곤충은 무엇인가요?

① 노란 애벌레   ② 나비

③ 털보 애벌레   ④ 무당벌레

2 나비가 꽃들을 위해 하는 일은 무엇인가요?

① 이 꽃에서 저 꽃으로 사랑의 씨앗을 날라다 줘요.

② 아름다운 날개로 날아다녀요.

③ 맛있는 꿀을 마셔요.

④ 따뜻한 눈으로 바라봐요.

3 '놀라거나 불안하여 가슴이 자꾸 뛰다.'라는 뜻으로 노란 애벌레의 설레는 마음을 어떻게 나타냈나요?

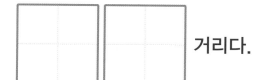

노란 애벌레는 ●● 거리는 마음으로 물었어요.

거리다.

다음 글을 읽고, 물음에 답하세요.

관찰 기록문

1. **주제:** 올챙이의 성장 과정

2. **기간:** 3월 1일 ~ 3월 31일

3. **장소:** 거실 탁자 위

4. **방법:** 매일 아침 7시에 한 번, 저녁 7시에 한 번. 두 번 눈으로 본다.

5. **내용**

3월 1일: 개구리 알은 젤리같이 투명한 막으로 덮여 있다.

3월 8일: 눈이 생기면서 머리가 커지고 꼬리가 나왔다. 올챙이가 되었다.

3월 15일: 몸에 까만 점이 생기고, 배가 볼록해졌다. 몸통보다 꼬리가 더 길다.

3월 19일: 뒷다리가 나오고, 몸통과 꼬리의 길이가 비슷하다.

3월 24일: 앞다리가 나오고, 몸통이 꼬리보다 커졌다.

이 관찰 기록문은 무엇을 관찰한 것인가요?

① 개구리   ② 올챙이

③ 도롱뇽   ④ 꼬리

 올챙이는 어떻게 성장할까요?

개구리 알 → ⬚⬚⬚⬚ 가 되었다. →

⬚⬚⬚⬚ 다리가 나왔다. → ⬚⬚⬚⬚ 다리가 나왔다.

 개구리 알은 얼마 만에 올챙이가 되었나요?

> 3월 1일: 개구리 알은 젤리같이 투명한 막으로 덮여 있다.
> 3월 8일: 눈이 생기면서 머리가 커지고 꼬리가 나왔다.
>   올챙이가 되었다.

8일 − 1일 = ⬚⬚⬚ 일

목(木)   나무를 뜻하고
목이라고 읽어요.

 다음 낱말을 큰 소리로 읽어 보세요.

목요일 식목일 수목원

목수 묘목

이 글자는 땅에 뿌리를 박고 가지가 뻗어 나가는 나무 모양이에요.

모양	뜻	소리
木	나무	목

쓰는 순서와 쓰기

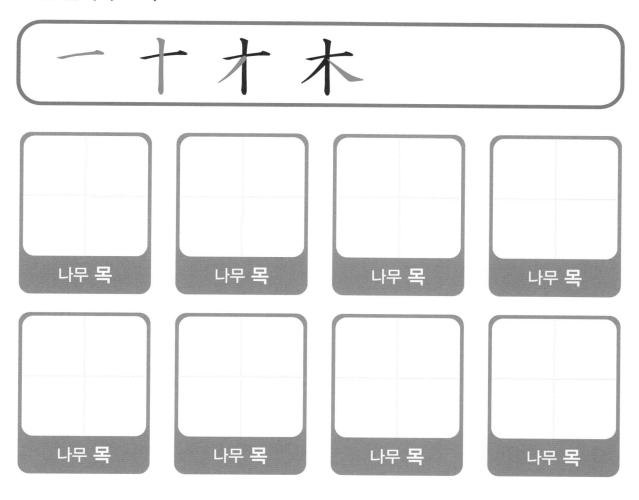

낱말에 목(木)이 숨어 있으면, 그 낱말에는 '나무'의 뜻이 들어 있어요.

낱말에 똑같이 들어 있는 글자에 동그라미 하세요.

낱말에 숨어 있는 같은 한자에 동그라미 하세요.

목요일	木요일
	월요일을 시작으로 한 주의 넷째 날
식목일	식木일
	나무를 많이 심고 아끼기 위해 국가에서 정한 날로 4월 5일
수목원	수木원
	관찰이나 연구를 위해 여러 가지 나무를 모아서 키우는 시설
목수	木수
	나무로 집이나 가구를 만드는 것을 직업으로 하는 사람
묘목	묘木
	옮겨 심어 키우는 어린나무

공통 글자는 무엇인지 써 보세요.

공통 한자는 무엇인지 써 보세요.

나무 목(木)이 숨어 있는 낱말에 동그라미 하고 써 보세요. (5개)

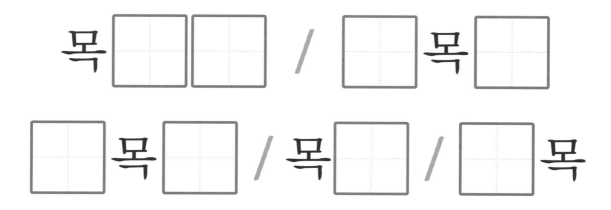

지난 목요일은 식목일이었다. 우리 가족은 가까운 수목원에 들렀다. 목수 아저씨와 함께 다양한 체험 활동도 할 수 있었는데, 나는 나무를 깎아서 팽이를 만들었다. 집에 오는 길에 작은 소나무 묘목도 한 그루 사 왔다.

목 ☐ ☐ ☐ / ☐ 목 ☐

☐ 목 ☐ ☐ / 목 ☐ ☐ / ☐ ☐ 목

기본 낱말 다시 배우기 (명사)

 새로 돋아나는 싹

움직임을 나타내는 말 (동사)

 오 다 안에서 밖으로 오다.

성질이나 상태를 꾸며 주는 말 (형용사)

요즘 날이 해서 등산하기 좋다.

따뜻하다 : 덥지 않을 정도로 온도가 알맞게 높다.

모양을 흉내 내는 말 (의태어)

기분 좋은 바람이  불어요.

살랑살랑 : 조금 시원한 바람이 가볍게 자꾸 부는 모양

속담

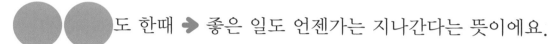도 한때 ➡ 좋은 일도 언젠가는 지나간다는 뜻이에요.

용돈 받으면 저금해야지! 도 한때잖아.

습관적으로 쓰는 말 (관용어)

⬤⬤ 녹듯 ➡ 빨리 없어지는 모양

형의 말 한마디에 서운했던 마음이 ⬤⬤ 녹듯 사라졌다.

여러 가지 뜻을 가진 낱말 (다의어)

바람이 너무 세게 불어서
내 모자가 날아갔다. •

- 기압의 변화, 사람이나 기계로 일으키는 공기의 움직임
- 매우 빠름을 이르는 말
- 공이나 튜브같이 속이 빈 곳에 넣는 공기

알맞은 문장 부호를 넣어 보세요. (문법-문장 부호)

따스한 봄바람이 붑니다(　　)

➡

. . . .

오늘 한자

목(木) : 나무를 뜻하고 **목**이라고 읽어요.

2주

한눈에 보는

여름

여름 수영 모래사장 바닷가 물장난 파도 피서

수박 선글라스 선풍기 에어컨 부채 아이스크림

여름 봄과 가을 사이인 6~8월로, 한 해의 네 계절 중 둘째 계절

수영 운동이나 놀이로서 물속을 헤엄치는 일

모래사장 강가나 바닷가에 있는 넓고 큰 모래벌판

바닷가 바닷물과 땅이 서로 닿은 곳이나 그 근처

피서 더위를 피하여 시원한 곳으로 가는 것

선풍기 전기 에너지를 이용해 날개를 돌려 바람을 일으키는 장치

여름을 나타내는 말을 알아봅시다. (동사)

수영하다	헤엄치다	뜨다	가라앉다	내리쬐다
처지다	견디다	피하다	넘치다	끈적거리다

수영하다 물속을 헤엄치다.

내리쬐다 햇볕이 세차게 아래로 비치다.

처지다 위에서 아래로 축 늘어지다.

견디다 어려운 환경에서도 계속 버티다.

피하다 눈이나 비를 맞지 않게 몸을 옮기다.

넘치다 가득 차서 밖으로 흘러나오거나 밀려 나오다.

 수영과 피서는 각각 어떤 일을 하는지 따라 써 보세요.

수영하다

헤엄치다

뜨다

피하다

처지다

견디다

여름의 성질이나 상태를 꾸며 주는 말을 알아봅시다. (형용사)

덥다   온도가 높다.

무덥다   찌는 듯 견디기 어렵게 덥다.

깊다   겉에서 속까지의 거리가 멀다.

얕다   겉에서 속이나, 밑에서 위까지의 길이가 짧다.

축축하다   많이 젖은 듯하다.

목마르다   물이 몹시 마시고 싶은 느낌이다.

어떤 말이 들어가야 할까요?

축축   **더워**   **목마르**   **깊**

• "바닷물에 ⬭ 게 들어가면 위험해."

• 너무 ⬭ 서 에어컨을 틀었다.

• "물을 쏟아서 옷이 ⬭ 해졌어."

• " ⬭ 다. 시원한 물 한 잔 줄래?"

한 문장 독해 _ 한 문장으로 된 글을 읽고, 물음에 답하세요.

나는 바닷가에서 형과 수영을 했다.

1. 나는 어디에서 수영을 했는지 쓰세요.

....

준수는 너무 더워서 땀을 흘리다가 에어컨을 틀었다.

2. 준수가 튼 것은 무엇인가요?

선풍기 / 에어컨 / 건조기

나는 커다란 나무 아래에 있는 의자에 앉아 부채질을 했다.

3. 나는 의자에 앉아 무엇을 했나요?

부채질을 했다. / 낮잠을 잤다. / 간식을 먹었다.

두 문장 독해 _ 두 문장으로 된 글을 읽고, 물음에 답하세요.

> 오늘은 무더위와 장마가 겹친 날이다.
> 가만히 있어도 온몸이 끈적거리는 것 같다.

1. 오늘은 무엇이 겹친 날인지 쓰세요.

···

> "아빠, 계곡물에서 헤엄쳐도 되나요?"
> "계곡물은 얕아 보여도 위험하니, 아빠와 같이 가자."

2. 내가 헤엄치고 싶은 곳은 어디인가요?

> 수영장 / 바닷물 / 시냇물 / 계곡물

> 햇볕이 내리쬐는 모래사장은 정말 뜨겁다.
> 나는 이러다 발이 익어 버리는 게 아닐까, 생각했다.

3. 나는 무슨 생각을 했나요?

> 발이 익어 버리는 게 아닐까.
> 발이 참 시원하구나.
> 발도 익을 수 있을까.

세 문장 독해 _ 세 문장으로 된 글을 읽고, 물음에 답하세요.

친구들은 여름에 팥빙수나 아이스크림을 많이 먹는다.
하지만 나는 냉장고에서 꺼낸 수박이 제일 맛있다.
시원하게 선풍기를 틀어 놓고 수박을 먹다 보면 금방 시원해진다.

1. 팥빙수나 아이스크림을 많이 먹는 계절은 언제인가요?

....

2. 내가 여름에 제일 맛있다고 생각하는 것은 무엇인가요?

....

3. 내가 수박을 먹을 때 틀어 놓는 것은 무엇인가요?

....

소리를 흉내 내는 말 (의성어)

2주
2일

• 파도가 바윗돌에 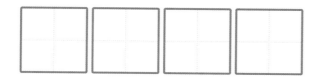 부딪힌다.

철썩철썩 : 아주 많은 양의 액체가 단단한 물체에 마구 부딪치는 소리

• 더워서 땀이 이마 위로 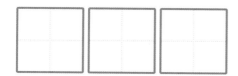 흘러내렸다.

주르륵 : 굵은 물줄기가 빠르게 잠깐 흐르다가 그치는 소리

• 하늘에 먹구름이 끼더니 '' 하고 소나기가 쏟아졌다.

쏴 : 나뭇가지나 물건의 틈 사이로 바람이 스쳐서 부는 소리

• 우리는 바닷가 모래 위를 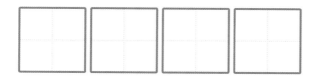 걸었다.

사박사박 : 모래나 눈을 잇따라 가볍게 밟는 소리

여름 하늘에 소낙비

흔히 있는 일을 뜻해요.

소낙비 : 갑자기 세차게 쏟아지다가 곧 그치는 비

축구 하며 다치는 일은
여름 하늘에 소낙비
같은 일이다.

백 일 장마에도 하루만 더 왔으면 한다.

자기만 생각한다는 말이에요.

장마 : 여름철에 여러 날을 계속해서 비가 내리는 날씨

백 일 장마에도
하루만 더 비가 왔으면 한다더니,
어떻게 딱 네 생각만
하는 거야!

여름 _ 관계있는 습관적으로 쓰는 말 (관용어)

땀을 흘리다.

노력을 많이 하다.

땀을 흘려
공부한 보람이 있구나!

더위를 먹다.

여름철에 더위 때문에 아프다.

축구 하다가
더위를 먹어서
조퇴를 했다.

헷갈리기 쉬운 낱말 (맞춤법)

 온도가 높다.

  보이지 않도록 넓은 물건을 얹어서 씌우다.

 잘못 쓰기 쉬운 낱말 (맞춤법)

 덮이다　넓은 물건이 위에 얹혀서 가려지거나 막히게 되다.

덮이다 ○　덮히다 ✕

• '덥다'와 '덮다'를 구분해 알맞은 말에 동그라미 해 보세요.

뚜껑을　덥고　덮고　음식이 더 익기를 기다렸다.

"오늘은 아침부터 유난히　덥구나　덮구나　."

• 바르게 쓴 말에 동그라미 하세요.

들판이 온통 눈으로　덮힌　덮인　풍경이 그림 같다.

'이어 주는 말'을 사용하여 문장을 만들어 보세요. (문법-접속 부사)

| 그러니까 | 그리고 | 그러면 | 그런데 |

"이 길을 쭉 따라가 보세요. (　　　) 계곡이 보일 거예요."

→ ....

"내일 비가 많이 올 거래. (　　　) 우산 꼭 챙겨."

→ ....

나무 아래는 그늘이라 시원하다. (　　　) 바람까지 살랑살랑 분다.

→ ....

"수박이 먹고 싶어. (　　　) 배가 불러서 나중에 먹어야겠어."

→ ....

한 문단 독해 1 (우화, 동화)

다음 글을 읽고, 물음에 답하세요.

> 뜨거운 여름날, 숲속을 구경 다니던 모기는 배가 고팠어요.
>
> 때마침 멀리 보이는 사자에게 앵앵 소리를 내며 날아가, 사자의 피를 맛있게 먹었지요.
>
> "아이고, 맛있다. 냠냠."
>
> "이게 뭐야. 모기잖아. 어휴! 귀찮아. 어휴! 가려워. 저리 가! 저리 가!"
>
> 모기가 귀찮은 사자는 모기를 쫓으려고 깊은 숲속으로 힘껏 뛰어갔어요.
>
> "내가 무서워 도망갔구나. 야호! 내가 사자를 이겼어. 무서운 사자도 나에게는 못 당하지."
>
>

모기가 활발히 활동하는 계절은 어느 계절일까요?

① 봄   ② 여름

③ 가을   ④ 겨울

 사자가 숲속으로 뛰어간 이유는 무엇일까요?

① 모기를 이기려고   ② 모기가 무서워서

③ 모기가 귀찮아서   ④ 모기를 먹으려고

 '모기나 벌이 빨리 날아갈 때 잇따라 나는 소리'로 모기가 사자에게 다가갈 때 나는 소리를 어떻게 나타냈나요?

때마침 멀리 보이는 사자에게  소리를 내며 날아가, 사자의 피를 맛있게 먹었지요.

다음 글을 읽고, 물음에 답하세요.

> 안녕하세요. **기상청 날씨 예보 분석관** 김서안입니다.
>
> 제10호 태풍 '독수리'로 인해 오늘 전국 대부분 지역에 강한 바람이 불겠고, 많은 비가 내릴 것으로 **예상**됩니다.
>
> 현재는 제주도와 일부 남부 지방, 충청도 지역에 비가 내리고 있는데요.
>
> 이 비는 시간이 지날수록 전국적으로 확대되겠습니다.
>
> 태풍 '독수리'는 최고 100mm **이상**의 많은 비가 올 것으로 예상되고, 매우 거센 바람이 불 것으로 보여 특히 주의가 필요하겠습니다.
>
>

기상청 : 우리나라 날씨를 관찰, 측정하여 미리 알리는 일을 맡은 곳이에요.

날씨 예보 분석관 : 날씨를 관찰, 측정하여 미리 알리는 일을 전문적으로 하는 직업을 말해요.

예상 : 어떤 일을 직접 당하기 전에 미리 생각하여 두는 것이에요.

이상 : 일정한 기준보다 더 많거나 기준의 숫자가 포함되면서 그 위를 말해요.

1 날씨를 관찰, 측정하여 미리 알리는 일을 전문적으로 하는 직업은 무엇인가요?

① 기상청 전문가

② 태풍 예보 분석관

③ 기상 관리 요원

④ 날씨 예보 분석관

2 태풍 '독수리'가 특히 주의가 필요한 이유는 무엇인가요?

① 매우 거센 바람

② 매우 강한 자외선

③ 매우 높은 파도

④ 매우 많은 눈

3 '최고 100mm 이상의 많은 비가 올 것으로 예상되고'가 뜻하는 것은 무엇일까요?

① 비가 정확하게 100mm만큼 올 것 같다.

② 비가 100mm보다 많이 올 것 같다.

③ 비가 100mm보다 훨씬 적게 올 것 같다.

④ 비가 딱 100mm를 더한 만큼 올 것 같다.

오늘 배울 한자를 만나 보세요!

수(水)　　물을 뜻하고
수라고 읽어요.

 다음 낱말을 큰 소리로 읽어 보세요.

음료수　　호수　　향수

은하수　　수영

이 글자는 시냇물 위로 비가 내리는 모양이에요.

모양	뜻	소리
水	물	수

쓰는 순서와 쓰기

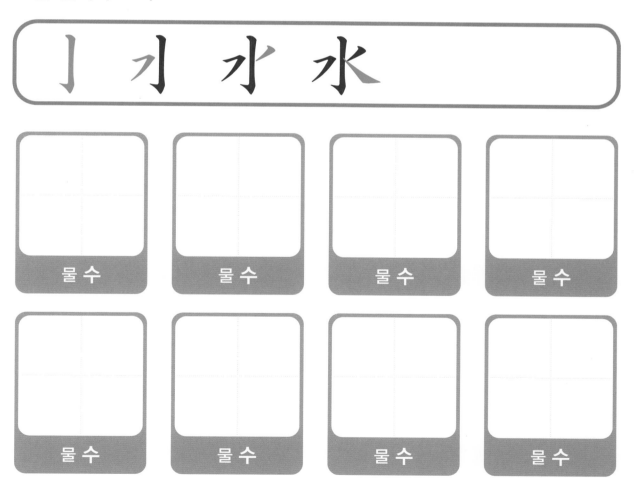

낱말에 수(水)가 숨어 있으면 그 낱말에는 '물'의 뜻이 들어 있어요.

낱말에 똑같이 들어 있는 글자에 동그라미 하세요.	낱말에 숨어 있는 같은 한자에 동그라미 하세요.

음료수

호수

향수

은하수

수영

음료水
마실 수 있는 물

호水
땅이 우묵하게 들어가 물이 고여 있는 곳

향水
좋은 향기가 나는 액체 화장품

은하水
강처럼 길게 늘어선 수많은 별 무리

水영
운동이나 놀이로서 물속을 헤엄치는 일

공통 글자는 무엇인지 써 보세요.	공통 한자는 무엇인지 써 보세요.

물 수(水)가 숨어 있는 낱말에 동그라미 하고 써 보세요. (5개)

여름밤에는 시원한 음료수를 마시며 우리 동네 호수 주변을 산책하는 것이 최고다. 어디선가 엄마의 향수 냄새보다 더 좋은 꽃향기도 풍긴다. 밤하늘의 별을 보다가 반짝반짝 은하수가 빛나는 별빛 수영장에서 수영하는 상상을 해 보았다.

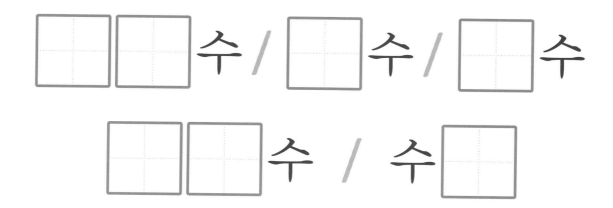

기본 낱말 다시 배우기 (명사)

바 ◯ 가 　바닷물과 땅이 서로 닿은 곳이나 그 근처

움직임을 나타내는 말 (동사)

내 리 ◯ 다 　햇볕이 세차게 아래로 비치다.

성질이나 상태를 꾸며 주는 말 (형용사)

너무 ◯◯ 서 에어컨을 틀었다.

덥다 : 온도가 높다.

소리를 흉내 내는 말 (의성어)

파도가 바윗돌에 ◯◯◯◯ 부딪힌다.

철썩철썩 : 아주 많은 양의 액체가 단단한 물체에 마구 부딪치는 소리

속담

여름 하늘에 ⬤⬤⬤ ➡ 흔히 있는 일을 뜻해요.

축구 하며 다치는 일은 여름 하늘에 ⬤⬤⬤ 같은 일이다.

습관적으로 쓰는 말 (관용어)

⬤ 을 흘리다. ➡ 노력을 많이 하다.

⬤ 을 흘려 공부한 보람이 있구나!

헷갈리기 쉬운 낱말과 잘못 쓰기 쉬운 낱말 (맞춤법)

"오늘은 아침부터 유난히 덥구나   덮구나 ."

들판이 온통 눈으로 덮힌   덮인 풍경이 그림 같다.

'이어 주는 말'을 사용하여 문장을 만들어 보세요. (문법-접속 부사)

나무 아래는 그늘이라 시원하다. (　　) 바람까지 살랑살랑 분다.

➡ . . . .

오늘 한자

수(水) : 물을 뜻하고 **수**라고 읽어요.

水 ▢ ▢

3주

한눈에 보는
가을

가을 단풍 등산 추수 벼 밤 감 도토리

다람쥐 고추잠자리 갈대 은행잎 단풍잎

가을
여름과 겨울 사이인 9~11월로, 한 해의 네 계절 중 셋째 계절

단풍
가을이 되어 식물의 잎이 붉은빛이나 누런빛으로 변하는 것

추수
가을에 익은 곡식을 거두어들이는 것

벼
논이나 밭에 심는 식물

고추잠자리
초가을에 농촌이나 연못가에 떼 지어 날아다니는 빨간 잠자리

갈대
물가에 자라는 줄기가 단단하며, 속이 비고 잎은 길어 끝이 뾰족한 풀

가을을 나타내는 말을 알아봅시다. (동사)

| 물들다 | 변하다 | 줍다 | 떨어지다 | 익다 |
| 따다 | 들다 | 매달다 | 빨개지다 | 노래지다 |

물들다 빛깔이 스미거나 옮아서 묻다.

줍다 바닥에 떨어진 것을 집다.

익다 열매나 씨가 먹을 수 있게 되다.

따다 붙어 있는 것을 잡아떼다.

들다 빛, 햇볕, 물 같은 것이 안으로 들어오다.

빨개지다 빨갛게 되다.

 단풍과 열매는 각각 어떤 일을 하는지 따라 써 보세요.

익다

변하다

빨개지다

따다

물들다

떨어지다

62

가을의 성질이나 상태를 꾸며 주는 말을 알아봅시다. (형용사)

풍성하다	넉넉하고 많다.
시원하다	덥거나 춥지 않고 알맞게 찬 느낌이다.
상쾌하다	느낌이 시원하고 산뜻하다.
쌀쌀하다	날씨나 바람이 상당히 차갑다.
서늘하다	꽤 찬 느낌이 있다.
붉다	빛깔이 익은 고추의 빛과 같다.

 어떤 말이 들어가야 할까요?

쌀쌀   상쾌   풍성   시원

• 나무에 사과가   하게 열렸다.

• 아직 아침에는   해서 외투를 입는다.

•   한 바람이 살랑살랑 분다.

• 아침 운동을 하니 기분이   하다.

한 문장 독해 _ 한 문장으로 된 글을 읽고, 물음에 답하세요.

나는 울긋불긋 물든 단풍을 보며 공원을 산책했다.

1. 내가 단풍을 보며 산책한 곳을 쓰세요.

．．

어느새 가을이 와서 빨간 고추잠자리가 날아다닌다.

2. 가을에 날아다니는 것은 무엇인가요?

노란 나비 / 무당벌레 / 빨간 고추잠자리

차창 밖으로 보이는 가을 들판에 곡식이 누렇게 익었어요.

3. 차창 밖으로 무엇이 보이나요?

사과가 빨갛게 익었어요. / 초록 풀들이 흔들려요. / 곡식이 누렇게 익었어요.

두 문장 독해 _ 두 문장으로 된 글을 읽고, 물음에 답하세요.

> 우리 마을 뒷산에는 참나무가 많다.
> 그래서 가을이면 참나무에서 도토리가 여기저기 많이 떨어진다.

1. 가을이 되면 참나무에서 떨어지는 것을 쓰세요.

> "아빠, 할아버지 논에서 바람 불 때마다 흔들흔들 춤추는 게 뭐예요?"
> "저건 곡식을 먹는 참새를 쫓는 허수아비란다."

2. 논에서 바람 불 때마다 춤추는 것은 무엇인가요?

> 참새 / 인형 / 허수아비 / 농사꾼

> 할머니는 매년 가을에 곶감을 만드신다.
> 단단한 감을 골라 껍질을 벗긴 후 줄에 매달아 말리면 된다.

3. 할머니는 가을에 무엇을 하시나요?

> 감을 따신다.
> 곶감을 만드신다.
> 홍시를 만드신다.

세 문장 독해 _ 세 문장으로 된 글을 읽고, 물음에 답하세요.

다람쥐는 가을이 되면 겨울을 준비하기에 바쁘다.
겨울 동안 저장해 둔 먹이를 먹어야 하기 때문이다.
다람쥐는 열매를 볼주머니에 담아 나르는 것을 열심히 반복한다.

1. 다람쥐는 어떤 계절이 되면 겨울을 준비하나요?

....

2. 다람쥐는 겨울 동안 무엇을 먹나요?

....

3. 다람쥐는 열매를 어디에 담아 나르나요?

....

소리를 흉내 내는 말 (의성어)

• 가을바람에 메마른 나뭇잎이 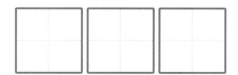거려요.

바스락 : 마른 잎, 낙엽, 종이 같은 것을 가볍게 밟거나 뒤적일 때 나는 소리

• 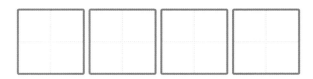 우는 귀뚜라미 소리는 가을의 시작을 알린다.

귀뚤귀뚤 : 귀뚜라미가 우는 소리

• 커다란 사과를 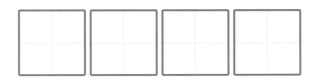 맛있게 먹었어요.

사각사각 : 싱싱한 과일을 씹을 때나 종이에 글을 쓸 때 나는 소리

• 빨간 단풍잎 한 장을 떼서 책 사이에 끼웠다.

똑 : 좀 작은 것이 떨어지거나 단단한 것이 쉽게 부러지면서 나는 소리

가을 _ 관계있는 속담

가을바람의 새털

이리저리 왔다 갔다 하는 모양을 말해요.

반장 선거 때문에
내 마음이 가을바람의
새털이야.

벼는 익을수록 고개를 숙인다.

겸손하고 의젓한 행동을 뜻해요.

벼는 익을수록
고개를 숙인다더니,
세계적인 피아니스트인데도
정말 겸손하다!

가을 _ 관계있는 습관적으로 쓰는 말 (관용어)

열매를 맺다.

노력한 일의 결과가 나타나다.

열심히 연습한 운동회에서
1등이라는 열매를 맺었다.

무슨 바람이 불어서

무슨 마음이 생기거나 무슨 일이 있다.

무슨 바람이 불어서
엄마를 도와주니?
고마워요. 우리 딸!

비슷한 말과 반대말 (유의어와 반의어)

비슷한 말

변하다 이전과 달라지거나 딴것으로 되다.

달라지다 전과는 다르게 되다.

바뀌다 내용이나 상태, 성격이 달라지게 되다.

반대말

똑같다 조금도 서로 다르지 않고 하나이다.

단풍

• 비슷한 말과 반대말을 연결해 보세요.

밤새 추워지더니 비가 눈으로 ⬜. •

정삼각형은 세 변의 길이가 ⬜. •

언니의 머리 모양이 ⬜. •

올해부터 용돈의 액수가 ⬜. •

달라졌다

• 변했다

바뀌었다

• 똑같다

70

뒤죽박죽 섞여 있는 글을 바른 순서로 써 보세요. (문법-어순)

모자를 쓴 / 흔들거려요. / 허수아비가 / 바람에

➜

등산을 / 하다가 / 다람쥐를 / 나는 / 보았다.

➜

변했어요. / 논이 / 황금빛으로 / 초록색이었던

➜

단풍으로 / 온 / 예쁜 / 물들었어요. / 산이

➜

다음 글을 읽고, 물음에 답하세요.

할머니는 도토리와 밤을 따다 아픈 다람쥐에게 먹이며 정성껏 돌봐 주셨어요.

다람쥐가 건강해지자 할머니는 다람쥐와 친구처럼 정답게 지냈지요.

얼마 후, 다람쥐는 새끼 다람쥐 열 마리를 낳았어요.

그리고 몇 년이 지나면서 다람쥐는 수백 마리로 불어났어요.

그사이 할머니는 이제 몸이 많이 약해지셨고, 걱정이 늘어났어요.

"이제 늙어서 아무 일도 못 하는데, 뭘 먹고 사나."

그때였어요.

수백 마리의 다람쥐들이 입에 쌀알을 물고 앞마당에 쌓기 시작했어요.

어느새 쌀알은 수북해졌고, 할머니의 마음도 든든해졌어요.

"이제 걱정이 없구나. 다람쥐야, 고맙다."

1 다람쥐의 먹이는 무엇일까요?

① 사과와 배 ② 배추와 무

③ 도토리와 밤 ④ 감자와 고구마

2 할머니는 무엇을 걱정하셨나요?

① 아무 일도 못 하는데, 뭘 먹고 살까?

② 다람쥐들이 너무 많아서 어떡하지?

③ 다람쥐들에게 무엇을 먹일까?

④ 몸이 왜 약해졌을까?

3 '쌓이거나 담긴 물건 따위가 불룩하게 많다.'라는 뜻으로, 앞마당의 쌀알이 많아진 것을 어떻게 나타냈나요?

어느새 쌀알은 해졌고, 할머니의 마음도 든든해졌어요.

하다.

다음 글을 읽고, 물음에 답하세요.

가을이 되어 나뭇잎들이 노란색, 주황색, 빨간색으로 변하는 것을 '단풍'이라고 합니다.

이것은 온도 때문입니다.

가을이 되어 기온이 낮아지면, 나뭇잎은 더 이상 초록색의 엽록소를 만들지 않고, 남아 있던 엽록소도 없어집니다.

그러면 엽록소에 가려져 있던 노란색, 주황색, 빨간색 색소들이 나타나면서, 나뭇잎을 알록달록하게 만듭니다.

위아래로 긴 우리나라는 추위가 빨리 오는 강원도가, 추위가 늦게 오는 제주도보다 2주 정도 일찍 단풍이 들기 시작합니다.

1 가을이 되어 나뭇잎들의 색이 변하는 것을 무엇이라고 하나요?

① 낙엽

② 단풍

③ 새싹

④ 푸른 잎

2 기온이 낮아지면, 나뭇잎에서 가장 먼저 없어지는 것은 무엇인가요?

① 노란색 색소

② 주황색 색소

③ 초록색의 엽록소

④ 빨간색 색소

3 제주도의 단풍 시작 예상일은 언제쯤일까요?

위아래로 긴 우리나라는 추위가 빨리 오는 강원도가, 추위가 늦게 오는 제주도보다 2주 정도 일찍 단풍이 들기 시작합니다.

• 강원도의 단풍 시작 예상일 : 10월 1일

• 제주도의 단풍 시작 예상일 :　　　　월　　　　일

월	화	수	목	금	토	일
1	2	3	4	5	6	7
8	9	10	11	12	13	14
15	16	17	18	19	20	21
22	23	24	25	26	27	28
29	30	31				

색(色)　　빛을 뜻하고
색이라고 읽어요.

 다음 낱말을 큰 소리로 읽어 보세요.

색깔　　색색　　채색

손색　　염색

이 글자는 두 사람이 나란히 함께 있는 모양이에요.

모양	뜻	소리
色	빛	색

쓰는 순서와 쓰기

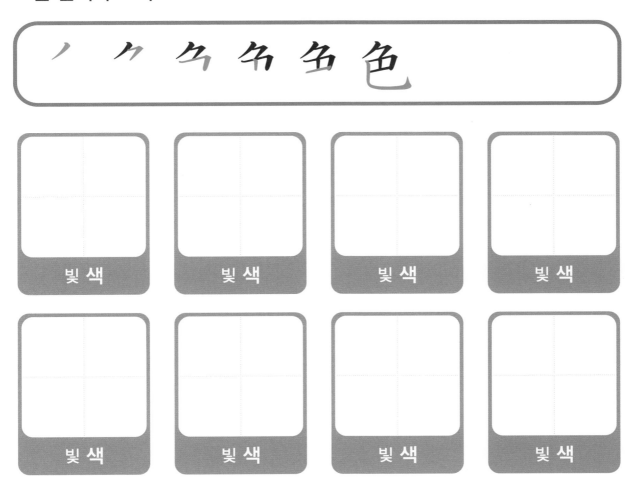

빛 색

빛 색

빛 색

빛 색

빛 색

빛 색

빛 색

빛 색

낱말에 색(色)이 숨어 있으면 그 낱말에는 '빛, 색깔'의 뜻이 들어 있어요.

낱말에 똑같이 들어 있는 글자에
동그라미 하세요.

낱말에 숨어 있는 같은 한자에
동그라미 하세요.

색깔

色깔
물체가 빛을 받을 때 나타나는 특유한 빛

색색

色色
여러 가지 색깔

채색

채色
그림에 색을 칠함

손색

손色
다른 것과 비교해서 못한 점

염색

염色
실이나 천에 색깔을 입히는 것

공통 글자는 무엇인지 써 보세요.

공통 한자는 무엇인지 써 보세요.

빛 색(色)이 숨어 있는 낱말에 동그라미 하고 써 보세요. (5개)

가을이 되자 거리에 단풍의 색깔이 색색이 예쁘기도 하다. 마치 화가가 물감으로 하나하나 채색한 듯, 그 어떤 유명한 그림과 비교해도 손색없을 정도이다. 저 노랑, 빨강, 주황 단풍들로 내 옷들을 염색하면 얼마나 신비롭고 근사할까!

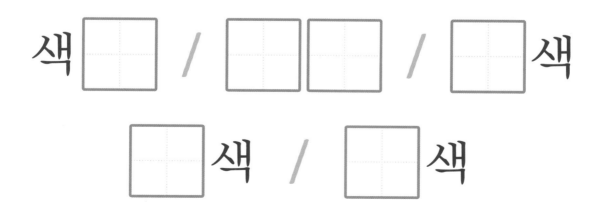

색⬜ / ⬜⬜ / ⬜색

⬜색 / ⬜색

기본 낱말 다시 배우기 (명사)

 풍 　가을이 되어 식물의 잎이 붉은빛이나 누런빛으로 변하는 것

움직임을 나타내는 말 (동사)

 다 　열매나 씨가 먹을 수 있게 되다.

성질이나 상태를 꾸며 주는 말 (형용사)

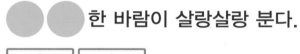 한 바람이 살랑살랑 분다.

시원하다 : 덥거나 춥지 않고 알맞게 찬 느낌이다.

소리를 흉내 내는 말 (의성어)

커다란 사과를 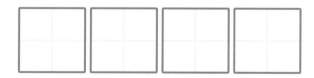 맛있게 먹었어요.

사각사각 : 싱싱한 과일을 씹을 때나 종이에 글을 쓸 때 나는 소리

80

속담

◯◯ 는 익을수록 고개를 숙인다. ➜ 겸손하고 의젓한 행동을 뜻해요.

◯ 는 익을수록 고개를 숙인다더니, 세계적인 피아니스트인데도 정말 겸손하다!

습관적으로 쓰는 말 (관용어)

◯◯ 를 맺다. ➜ 노력한 일의 결과가 나타나다.

열심히 연습한 운동회에서 1등이라는 ◯◯ 를 맺었다.

비슷한 말과 반대말 (유의어와 반의어)

올해부터 용돈의 액수가 **똑같다** **달라졌다** .

정삼각형은 세 변의 길이가 **똑같다** **달라졌다** .

뒤죽박죽 섞여 있는 글을 바른 순서로 써 보세요. (문법-어순)

등산을 / 하다가 / 다람쥐를 / 나는 / 보았다.

➜ ....

오늘 한자

색(色) : **빛**을 뜻하고 **색**이라고 읽어요.

色 ▢ ▢

4주

한눈에 보는

겨울

겨울 눈 고드름 폭설 추위 장갑 목도리 귀마개

손난로 눈싸움 눈사람 군고구마 군밤 붕어빵

겨울 가을과 봄 사이인 12~2월로, 한 해의 네 계절 중 넷째 계절

고드름 물이 밑으로 떨어지다가 길게 얼어붙은 얼음

폭설 갑자기 많이 내리는 눈

손난로 손을 따뜻하게 하기 위해 작게 만든 열을 내는 기구

눈싸움 뭉친 눈을 서로 던져 상대편을 맞히는 놀이

눈사람 눈을 뭉쳐서 사람 모양으로 만든 것

겨울을 나타내는 말을 알아봅시다. (동사)

얼다	덮다	깔다	떨리다	신다	두르다
움츠러들다		웅크리다		펴다	미끄러지다

덮다 보이지 않도록 어떤 것을 얹어서 씌우다.

떨리다 몹시 추워지거나 두려워지다.

두르다 허리띠, 목도리, 치마 같은 것을 몸에 휘감다.

움츠러들다 몸이 몹시 오그라들거나 작아지다.

웅크리다 몸을 작게 하다.

미끄러지다 한쪽으로 밀려 나가거나 넘어지다.

 눈과 추위는 각각 어떤 일을 하는지 따라 써 보세요.

얼다

두르다

미끄러지다

덮다

떨리다

움츠러들다

겨울의 성질이나 상태를 꾸며 주는 말을 알아봅시다. (형용사)

춥다	몸이 떨리고 움츠러들 만큼 찬 느낌이 있다.
차다	몸에 닿은 물건이나 온도가 기온이 낮다.
시리다	몸의 한 부분 추위를 느낄 정도로 차다.
딱딱하다	몹시 굳고 단단하다.
단단하다	모양이 변하거나 부서지지 않은 상태에 있다.
앙상하다	나뭇잎이 지고 가지만 남아서 쓸쓸한 느낌이다.

 어떤 말이 들어가야 할까요?

| 앙상 | 시릴 | 추워 | 차 |

• 식혜는 　　　　　　게 먹어야 맛있다.

• "오늘은 밖이 너무 　　　　　　서 나가기 싫어."

• "손이 　　　　　　때는 장갑을 끼자."

• 겨울이 되니 나무들이 모두 　　　　　　하다.

한 문장 독해 _ 한 문장으로 된 글을 읽고, 물음에 답하세요.

겨울나무는 앙상하지만, 가지마다 눈이 쌓이면 따뜻해 보여요.

1. 겨울나무에 눈이 쌓이면 어떻게 보이는지 쓰세요.

....

나는 추워서 손이 덜덜 떨렸지만, 붕어빵을 먹으니 괜찮아졌다.

2. 나는 무엇을 먹었나요?

군고구마 / 군밤 / 붕어빵

찬 바람이 세게 불어서 민수는 어깨를 웅크리고 걸었다.

3. 민수는 어떻게 걸었나요?

어깨를 웅크리고 걸었다. / 허리를 쫙 펴고 걸었다. / 춤추듯이 걸었다.

두 문장 독해 _ 두 문장으로 된 글을 읽고, 물음에 답하세요.

> 멀리 보이는 산꼭대기에 하얀 눈이 덮여 있다.
> 할아버지의 흰머리가 생각나서, 할아버지가 보고 싶었다.

1. 눈이 덮인 산꼭대기를 보며 누가 보고 싶었는지 쓰세요.

4주
2일

> "누나, 오늘이 이번 겨울 중에 제일 추운 날이래."
> "응. 그래서 난 목도리, 장갑, 손난로 모두 준비했어."

2. 오늘은 어떤 날인가요?

> 제일 더운 날 / 제일 시원한 날 / 바람이 많이 부는 날 / 제일 추운 날

> 눈이 쌓인 길은 조심해서 걸어야 해요.
> 길이 얼어서 걷다가 미끄러질 수도 있기 때문이에요.

3. 눈이 쌓인 길은 어떻게 걸어야 하나요?

> 조심해서 걸어야 해요.
> 재미있게 걸어야 해요.
> 미끄러지듯 걸어야 해요.

세 문장 독해 _ 세 문장으로 된 글을 읽고, 물음에 답하세요.

> 옛날 어린이들은 꽁꽁 얼어붙은 강 위나 눈 위에서 썰매를 탔어요.
> 썰매는 언 곳에서 미끄럼을 타기 위해 올라타는 기구예요.
> 신나게 썰매를 타고 놀면서 겨울의 추위를 이겨 냈어요.

1. 썰매는 어디에서 타나요?

....

2. 언 곳에서 미끄럼을 타기 위해 올라타는 기구는 무엇인가요?

....

3. 썰매는 어느 계절에 타나요?

....

모양을 흉내 내는 말 (의태어)

- 추워지더니 눈이 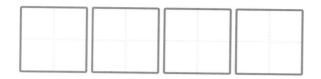 내리기 시작했다.

부슬부슬 : 눈이나 비가 조용히 띄엄띄엄 내리는 모양

- 산책 길의 호수가 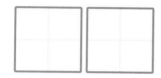 얼었어요.

꽁꽁 : 물체가 매우 단단히 언 모양

- 형과 함께 눈을 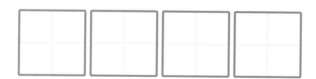 굴려서 눈사람을 만들었다.

떼굴떼굴 : 큰 물건이 계속 구르는 모양

- 너무 추워서 온몸이 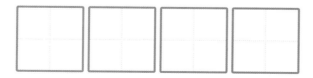 떨렸어요.

바들바들 : 몸을 작게 바르르 떠는 모양

겨울을 지내보아야 봄 그리운 줄 안다.

힘든 일을 겪어 봐야 보람을 알 수 있다는 뜻이에요.

겨울을 지내보아야
봄 그리운 줄 안다더니,
엄마가 퇴원하시면
더 잘해 드려야겠어.

여름에 하루 놀면 겨울에 열흘 굶는다.

무슨 일이든 부지런해야 한다는 말이에요.

여름에 하루 놀면
겨울에 열흘 굶는 건데
계속 미루다가
할 일이 쌓였어!

겨울 _ 관계있는 습관적으로 쓰는 말 (관용어)

찬바람이 일다.

마음이나 분위기가 차가워지다.

큰일 났다!
오빠 얼굴에
찬바람이 일었어!

비가 오나 눈이 오나

아무리 어려움이 있어도 언제나 똑같다.

아빠는
비가 오나 눈이 오나
내 걱정을 하신다.

글자만 같은 서로 다른 낱말 (동형어)

1 눈

수증기가 차가운
날씨에 얼어서
땅 위로 떨어지는
얼음의 결정체

2 눈

빛에 의해
물체를 볼 수 있는
우리 몸의 부분

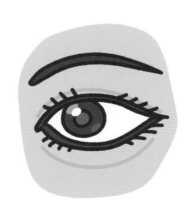

3 눈

새로 막
돋아나려는
풀과 나무의 싹

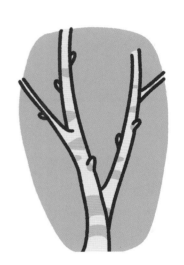

• 어떤 '눈'인지 번호를 써 보세요.

지수는 눈이 초롱초롱하고 예쁘다.

3월이 되자 나뭇가지마다 눈이 트고 있다.

하늘에서 솜사탕 같은 눈이 펑펑 내려요.

의문문을 만들어 보세요. (문법-종결형 문장)

의문문은 물어보는 문장이에요. 말하는 사람이 듣는 사람에게 대답을 들어야 할 때 쓰고, 문장 부호는 물음표(?)를 써요.

➜ 너는 무슨 계절을 좋아하니?

"하늘이 흐린 걸 보니 눈이 올 것 (같다. / 같지?)"

➜ ....

"너는 군고구마와 붕어빵 중에 무엇을 더 (좋아해? / 좋아한다.)"

➜ ....

"어제 새로 산 장갑은 마음에 (들어? / 든다.)"

➜ ....

"언니, 나랑 같이 눈사람 (만들자. / 만들래?)"

➜ ....

다음 글을 읽고, 물음에 답하세요.

어느 추운 겨울밤이었어요.

거리마다 크리스마스 노래가 흘러나오고, 사람들은 따뜻한 집에서 맛있는 음식을 먹으며 행복한 시간을 보내고 있었지요.

하지만 소녀는 추운 길 위에서 오들오들 떨며 성냥을 팔았어요.

외투도 없이 구멍 뚫린 신발을 신은 채 말이에요.

"성냥 사세요. 성냥 사세요. 성냥 하나만 사 주세요."

차가운 바람은 자꾸만 불어와 소녀의 두 손은 꽁꽁 얼고, 두 뺨은 빨개졌어요.

'나도 다른 사람들처럼 가족들과 따뜻한 집에서 맛있는 음식을 먹을 수 있다면 얼마나 좋을까?'

1 소녀는 추운 겨울밤을 어떻게 보내고 있나요?

① 노래를 불렀어요.

② 맛있는 음식을 먹었어요.

③ 행복한 시간을 보냈어요.

④ 성냥을 팔아야 했어요.

2 소녀의 두 손이 꽁꽁 얼고, 두 뺨이 빨개진 이유는 무엇일까요?

① 너무 추워서　　　　　　② 너무 더워서

③ 음식을 먹어서　　　　　④ 거리를 뛰어다녀서

3 '춥거나 무서워서 몸을 잇따라 심하게 떠는 모양'으로 소녀가 떠는 모습을 어떻게 나타냈나요?

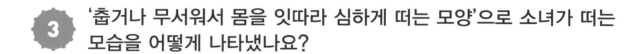

소녀는 추운 길 위에서 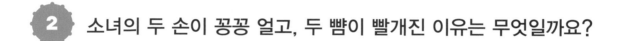 떨며 성냥을 팔았어요.

다음 글을 읽고, 물음에 답하세요.

2024년 12월 31일 날씨: 눈

눈이 펑펑 내렸다. 너무 신기했다.

이곳은 부산이라 겨울에도 눈이 거의 오지 않는다.

8년, 내 인생에 펑펑 내리는 눈을 보는 것은 처음이다.

38살인 우리 엄마도 나랑 똑같이 말하셨다.

부산에 살면 바다에 자주 갈 수 있어서 좋지만, 눈이 안 와서 속상했다.

서울에 사는 사촌 형이 눈싸움하는 중이라고 전화로 자랑할 때마다 얼마나 부러웠는지 모른다.

오늘은 나도 친구들과 눈싸움도 하고 눈사람도 만들었다.

추웠지만 즐거운 하루였다.

1 눈이 펑펑 내린 것이 신기한 이유는 무엇일까요?

① 부산에는 겨울에도 눈이 거의 오지 않아서

② 바다에 자주 갈 수 있어서

③ 사촌 형이 너무 부러워서

④ 눈싸움을 할 수 있어서

2 겨울에 눈이 오면 할 수 있는 놀이는 무엇일까요?

① 바다에서 물놀이하기

② 눈싸움과 눈사람 만들기

③ 전화 통화하기

④ 사촌 형과 놀기

3 엄마와 나의 나이 차이는 얼마일까요?

> 엄마의 나이 38살 – 나의 나이 8살

$$38 - 8 = \boxed{} \text{살}$$

화(火)　불을 뜻하고
　　　　화라고 읽어요.

 다음 낱말을 큰 소리로 읽어 보세요.

화요일　화재　소화기

화염　진화

이 글자는 불길이 솟아오르는 모양이에요.

모양	뜻	소리
火	불	화

쓰는 순서와 쓰기

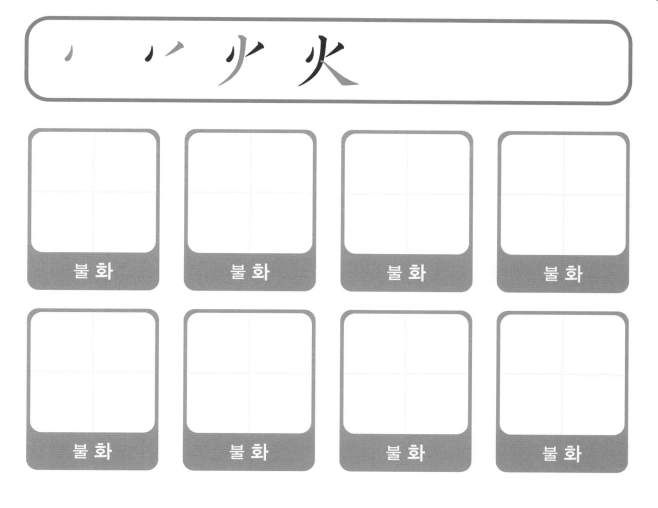

낱말에 화(火)가 숨어 있으면 그 낱말에는 '불'의 뜻이 들어 있어요.

낱말에 똑같이 들어 있는 글자에 동그라미 하세요.	낱말에 숨어 있는 같은 한자에 동그라미 하세요.

화요일

화재

소화기

화염

진화

火요일
월요일을 시작으로 한 주의 둘째 날

火재
불 때문에 일어난 나쁜 일

소火기
불을 끄는 기구

火염
타는 불에서 일어나는 뜨거운 기운

진火
불이 난 것을 끔

공통 글자는 무엇인지 써 보세요.	공통 한자는 무엇인지 써 보세요.

불 화(火)가 숨어 있는 낱말에 동그라미 하고 써 보세요. (5개)

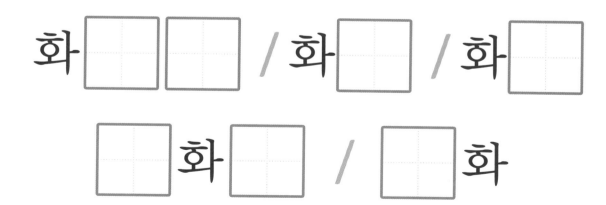

화요일에 소방 훈련이 있었다. 겨울에는 특히 화재를 조심해야 한다. 가정용 소화기는 필수이다. 만약 잠깐 사이 집이 화염에 휩싸였다면, 베란다로 피해 구조를 기다려야 하고 불이 난 곳은 소방차가 진화 작업을 잘할 수 있도록 배려해야 한다.

화 ☐ ☐ / 화 ☐ / 화 ☐

☐ 화 ☐ / ☐ 화

기본 낱말 다시 배우기 (명사)

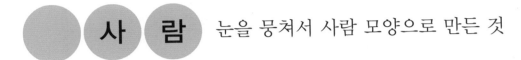   눈을 뭉쳐서 사람 모양으로 만든 것

움직임을 나타내는 말 (동사)

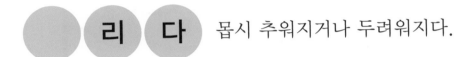   몹시 추워지거나 두려워지다.

성질이나 상태를 꾸며 주는 말 (형용사)

"오늘은 밖이 너무 ◯◯서 나가기 싫어."

춥다 : 몸이 떨리고 움츠러들 만큼 찬 느낌이 있다.

모양을 흉내 내는 말 (의태어)

산책 길의 호수가 ◯◯ 얼었어요.

꽁꽁 : 물체가 매우 단단히 언 모양

속담

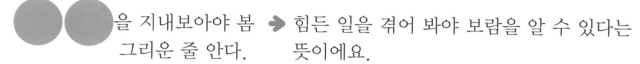

을 지내보아야 봄 ➜ 힘든 일을 겪어 봐야 보람을 알 수 있다는
그리운 줄 안다.   뜻이에요.

을 지내보아야 봄 그리운 줄 안다더니, 엄마가 퇴원하시면 더 잘해 드려야겠어.

습관적으로 쓰는 말 (관용어)

비가 오나   이 오나 ➜ 아무리 어려움이 있어도 언제나 똑같다.

아빠는 비가 오나   이 오나 내 걱정을 하신다.

글자만 같은 서로 다른 낱말 (동형어)

하늘에서 솜사탕 같은
눈이 펑펑 내려요.

- 수증기가 차가운 날씨에 얼어서 땅 위로 떨어지는 얼음의 결정체
- 빛에 의해 물체를 볼 수 있는 우리 몸의 부분
- 새로 막 돋아나려는 풀과 나무의 싹

의문문을 만들어 보세요. (문법-종결형 문장)

"언니, 나랑 같이 눈사람 (만들자. / 만들래?)"

➜

오늘 한자

화(火) : 불을 뜻하고 **화**라고 읽어요.

| 火 | | |

1주

15p 어떤 말이 들어가야 할까요?

활발, 아름, 따뜻, 촉촉

16p 한 문장 독해

1. 새싹   2. 식물원   3. 마스크를 써요.

17p 두 문장 독해

1. 나비 공원   2. 봄 소풍 가기

3. 늘어지고 졸음이 쏟아져요.

18p 세 문장 독해

1. 둥근 꽃눈과 길쭉한 잎눈   2. 잎눈

3. 3월

22p 여러 가지 뜻을 가진 낱말 (다의어)

2, 3, 1

23p 알맞은 문장 부호를 넣어 보세요. (문법–문장 부호)

따스한 봄바람이 붑니다.

"빨강, 노랑 꽃들이 정말 예쁘구나!"

"저 나무 위에서 지저귀는 새의 이름은 뭘까?"

"엄마, 들판에 새싹들이 돋아났어요."

25p 한 문단 독해 1 (우화, 동화)

1. ②   2. ①   3. 두근

27p 한 문단 독해 2 (지식글)

1. ②   2. 올챙이, 뒷, 앞   3. 7

30p 낱말에 똑같이 들어 있는 글자에 동그라미 하세요.

 (목)

30p 낱말에 숨어 있는 같은 한자에 동그라미 하세요.

 (木)

31p 나무 목(木)이 숨어 있는 낱말에 동그라미 하고 써 보세요. (5개)

목(요일) (식)목(일) (수)목(원) 목(수) (묘)목

확인 학습 32p ~ 33p

싹, 나, 따뜻, 살랑살랑, 봄꽃, 봄꽃, 봄눈, 봄눈

따스한 봄바람이 붑니다.

木, 木

3주

63p 어떤 말이 들어가야 할까요?

풍성, 쌀쌀, 시원, 상쾌

64p 한 문장 독해

1. 공원   2. 빨간 고추잠자리

3. 곡식이 누렇게 익었어요.

65p 두 문장 독해

1. 도토리   2. 허수아비

3. 곶감을 만드신다.

66p 세 문장 독해

1. 가을   2. 저장해 둔 먹이

3. 볼주머니

70p 비슷한 말과 반대말 (유의어와 반의어)

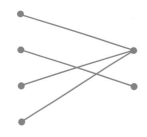

71p 뒤죽박죽 섞여 있는 글을 바른 순서로 써 보세요. (문법-어순)

모자를 쓴 허수아비가 바람에 흔들거려요.

나는 등산을 하다가 다람쥐를 보았다.

초록색이었던 논이 황금빛으로 변했어요.

온 산이 예쁜 단풍으로 물들었어요.

73p 한 문단 독해 1 (우화, 동화)

1. ③   2. ①   3. 수북

75p 한 문단 독해 2 (지식글)

1. ②   2. ③   3. 10월 15일

78p 낱말에 똑같이 들어 있는 글자에 동그라미 하세요.

78p 낱말에 숨어 있는 같은 한자에 동그라미 하세요.

79p 빛 색(色)이 숨어 있는 낱말에 동그라미 하고 써 보세요. (5개)

색(깔) (색색) (채)색 (손)색 (염)색

확인 학습 80p ~81p

단, 익, 시원, 사각사각, 벼, 벼, 열매, 열매,

달라졌다, 똑같다

나는 등산을 하다가 다람쥐를 보았다.

色, 色

확인 학습 104p ~ 105p

눈, 떨, 추워, 꽁꽁, 겨울, 겨울, 눈, 눈

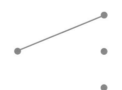

"언니, 나랑 같이 눈사람 만들래?"

火, 火